Dietmar Bittrich

Böse Sprüche für jeden Tag

Mit Illustrationen von
Thomas August Günther

Deutscher Taschenbuch Verlag

Originalausgabe
Dezember 2003
4. Auflage September 2004
Deutscher Taschenbuch Verlag GmbH & Co. KG,
München
www.dtv.de

Umschlagkonzept: Balk & Brumshagen
Umschlagbild: © Thomas August Günther
Satz: Offizin Wissenbach, Höchberg bei Würzburg
Gesetzt aus der Galliard und der Gill
Druck und Bindung: Druckerei C. H. Beck, Nördlingen
Gedruckt auf säurefreiem, chlorfrei gebleichtem Papier
Printed in Germany · ISBN 3-423-20676-4

JANUAR

JANUAR

1

Gute Menschen reizen die Geduld,
böse die Fantasie.
Oscar Wilde

2

Nur wer von Herzen negativ denkt,
kann positiv überrascht werden.
Albert Einstein

3

Sich selbst zu ärgern, macht Spaß.
Andere zu ärgern, macht glücklich.
Li Tai Po

4

Betrachte nicht müßig den Steinhaufen,
sondern frage dich,
wen du damit bewerfen kannst.
Persisches Sprichwort

5

In unserer hektischen Welt muss man gelegentlich innehalten, um sich in aller Ruhe etwas Unanständiges auszudenken.
B. Traven

6

Freude bereiten heißt: die Banane essen und die Schale einem anderen hinlegen.
Dashiell Hammett

7

Glück ist, wenn das Pech die anderen trifft.
Horaz

8

Wenn du einen Blinden ins Kino
mitnimmst, achte darauf,
dass es ein Stummfilm ist.
Buster Keaton

9

Anderen eine Grube zu graben,
ist anstrengend,
doch es zahlt sich fast immer aus.
D. H. Lawrence

10

Hüte dich vor einem Entschluss,
der andere fröhlich stimmt.
Weisheit der Aborigines

11

Das Glück anderer Leute kann den
heitersten Mann düster stimmen.
Truman Capote

12

An anderer Pech sich zu erfreuen
hilft das eigene Glück erneuen.
Emanuel Geibel

Etwas Gutes dazulernen macht Mühe.
Etwas Schlechtes dazulernen macht Spaß.
Jacques Tati

13

Nichts ist so lästig, wie wenn Menschen
um einen herum guter Laune sind.
Melvin Lasky

14

Manches Vergnügen besteht darin,
dass man es anderen vorenthält.
Edgar Wallace

15

Dass andere anders sind, anders denken,
anders handeln,
ist nur halb so schlimm wie die Tatsache,
dass sie überhaupt da sind.
Simone de Beauvoir

16

17 *Erst wenn du eine Meile in den Schuhen eines anderen gelaufen bist, weißt du, was für ein Dummkopf er ist.*
Häuptling Dakota

18 *Am liebsten sind mir die Menschen, deren Bekanntschaft mir erspart bleibt.*
André Gide

19 *Nach einigem Nachdenken findet man jeden unsympathisch.*
Laurence Olivier

20 *Bleib gesund und werde zäh, doch bitte nicht in unserer Näh.*
Lausitzer Segensspruch

Wie glücklich müssen all diejenigen sein,
die dich nie kennen gelernt haben!
Vita Sackville-West

21

Der beste Beweis für Menschenkenntnis
ist stille Mordlust.
Frank Sinatra

22

Einem anderen ein Bein zu stellen, macht
mehr Spaß, als ihm auf die Füße zu helfen.
Brasilianisch

23

Die angenehmsten Menschen sind jene,
die nie gelebt haben.
Edgar Allan Poe

24

25

Die schlechten Menschen gewinnen,
wenn man sie genauer kennen lernt;
die guten verlieren.
Immanuel Kant

26

Vergebung ist das erste Anzeichen
von Altersschwäche.
Aus Sizilien

27

Tadele nicht den Ofen,
in den du deine Erbtante geschoben hast.
Aus dem Kongo

28

Tue zehn Jahre lang Gutes,
und niemand wird es bemerken.
Eine Stunde lang Böses getan,
und Ruhm ist dir gewiss.
Samurai-Weisheit

Wer zum Glück in der Welt beitragen möchte, darf keine Rücksicht auf seine nähere Umgebung nehmen.
Fidel Castro

29

Das liebste Recht jedes Menschen ist sein Recht auf Unglücklichsein.
Thich Nhat Hanh

30

Du hast alles in dir, was du zu deinem Unglück brauchst.
Toltekische Weisheit

31

FEBRUAR

1

Wahre Worte sind nicht angenehm,
angenehme Worte sind nicht wahr.
Laotse

2

Denken, was wahr ist, fühlen, was schön ist,
wollen, was gut ist –
und das Gegenteil von allem tun!
Joseph Conrad

3

Wer die Wahrheit nicht von dir hören will,
wird bestimmt deine Lüge glauben.
Heinz Rühmann

4

Die Wahrheit gleicht einem nassen
Handtuch. Dir selbst nützt sie nichts,
aber du kannst sie jemand anderem
um den Kopf schlagen.
Elizabeth George

Wer die Wahrheit liebt, 5
darf auf das Lügen nicht verzichten.
Rosa Luxemburg

Aufrichtigkeit ist die edelste Form der 6
Dummheit.
Karl Liebknecht

Mit anderthalb Lügen kommt man 7
durch die ganze Welt.
Rumänischer Wahrspruch

Die Wahrheit hat nichts zu tun 8
mit der Anzahl der Leute,
die daran zu Grunde gehen.
Mao Zedong

9

Erzähle nicht die Wahrheit,
solange dir etwas Interessanteres einfällt.
Karl May

10

Wer leicht rot wird,
sollte beim Lügen grün tragen.
Yves Saint Laurent

11

Die größte militärische Leistung des Jahrhunderts ist meine Ehe.
Friedrich Dürrenmatt

12

Die Wahrheiten, die unser Partner am wenigsten gern hört, sind genau diejenigen, die wir ihm am dringendsten beibringen sollten.
Luise Rinser

Die größte Gefahr der Zweisamkeit ist,
dass der Partner überlebt.
Raymond Chandler

13

Liebe ist eine vorübergehende
Geisteskrankheit,
die durch Heirat heilbar ist.
Ambrose Bierce

14

Manche Männer, von denen man denkt,
sie seien längst tot, sind bloß verheiratet.
Peter Sellers

15

Jemanden Liebling zu nennen ist Spiel,
ihn zu erkennen ist viel,
ihm Liebes zu sagen ist schwer,
ihn zu ertragen noch mehr.
Eugenie Marlitt

16

17

Frühere Partner scheitern zu sehen,
ist ein herrliches Vergnügen.
Zsa Zsa Gabor

18

Nichts wärmt das Herz so sehr,
wie wenn gute Freunde Pech haben.
Ibn Saud

19

Ein wahrer Freund ist jemand, der dir
Geld leiht und dann das Zeitliche segnet.
Steve Martin

20

Wenn deinem Freund
kein großes Unglück widerfährt,
musst du dich mit seinen kleinen
Misserfolgen zufrieden geben.
Kurdisches Sprichwort

Um neue Freunde zu erhalten,
brich als Erstes mit den alten.
Joachim Ringelnatz

21

Wahre Freunde verlassen dich erst,
wenn es brenzlig wird.
Flämische Spruchweisheit

22

Gute Freunde sind Menschen,
die sehr weit weg wohnen.
Alfred Hitchcock

23

Geh, wohin dein Herz dich trägt,
und, bitte, kehre nie zurück.
Roberto Benigni

24

25

Wer dein Haus zur Ruine macht,
möchte sicherlich,
dass du den Himmel siehst.

Robert Louis Stevenson

26

Oh, beneidenswerte Kannibalen!
Ihr könnt eure Feinde auffressen
und dann auch noch auskotzen!

Jean Jacques Rousseau

27

Mögen deine Probleme unlösbar und deine Schwierigkeiten unüberwindlich sein.

Ukrainischer Segen

28

Auch die längste Reise beginnt mit dem ersten Schritt. Genieße ihn – schon auf dem zweiten wirst du straucheln.

Chinesische Weisheit

29

Gestern, das wäre dein Leben gewesen.
Heute ist jemand anderes dran.
Kalif Omar

MÄRZ

MÄRZ

1

Ein Tag, der morgens beginnt,
kann nicht mehr gut werden.
Ernest Hemingway

2

Wer den Morgen mit einem Lied begrüßt,
macht sich bei den Nachbarn unbeliebt.
Edith Piaf

3

Lache das Leben an,
und es knurrt zurück.
Jean Paul

4

Wenn du mitten im Strom des Alltags
innehältst und jemanden anlächelst,
wird er dich für verrückt halten,
und er hat Recht.
Eugène Ionesco

5

Wer herzhaft lacht,
hat mich nicht richtig verstanden.
Che Guevara

6

Uneingeschränkte Lebensfreude ist das beste Rezept, anderen auf die Nerven zu gehen.
Judy Garland

7

Im Himmel wird ohn Unterbrechen
nur meine Frau noch zu mir sprechen.
Heinz Erhardt

8

FRAUENTAG
Die Frauen sind so unberechenbar, dass man sich nicht einmal auf das Gegenteil dessen verlassen kann, was sie sagen.
Peter Ustinov

9

Von jedem Gedanken,
der gedacht werden kann,
ist auch das Gegenteil wahr.
Hildegard von Bingen

10

Kümmere dich nicht um die Hauptsache,
solange es noch Nebensachen gibt.
Hermann Graf Pückler

11

Mit jedem Vorteil handelt man sich auch einen Nachteil ein, aber nicht mit jedem Nachteil einen Vorteil.
Robert Musil

12

Wenn du erst über den Berg bist,
geht es rasch von selber abwärts.
Johanna Spyri

Das Einzige, was du auf der Welt 13
verändern kannst,
ist die Lage deines Kopfkissens.
Gabriel García Márquez

Alles, was dir begegnen wird, 14
ist leider nicht zu vermeiden.
Sören Kierkegaard

Jedes Mal, wenn du das Abwendbare 15
abgewendet hast,
geschieht das Unabwendbare.
Elisabeth von Österreich, gen. Sissi

Was immer du tust, 16
irgendwann wirst du es bereuen.
Thomas von Aquin

17

Alles Unglück in der Welt geschieht nur,
weil einer mehr tut als er muss.
Maori-Weisheit

18

Immer wenn du meinst, es geht nicht mehr,
geschieht jemand anderem ein Unglück,
und du bist wieder froh.
Daphne du Maurier

19

Siegen ist schön, doch der wahre Genuss
liegt im Trösten der Verlierer.
Desmond Tutu

20

Ein guter Freund ist jemand,
der sich heute schon auf dein Scheitern
von morgen freut.
Liv Ullmann

21

Gib Gott, dass dir der Mut zum Leben
nicht allzu rasch zurückgegeben.
Schwäbisch

22

Wer krank wird, erfährt als Erstes,
dass er selber Schuld hat.
Eugen Drewermann

23

Von langem Leid bist du genesen,
zu früh schon sind wir froh gewesen.
Westfälischer Erbspruch

24

Man kann nicht allen helfen.
Deshalb wäre es ungerecht,
einem Einzigen zu helfen,
und ermüdend wäre es obendrein.
Clara Zetkin

25 *Ein reicher Mann,*
der sich guter Gesundheit erfreut,
hat unzufriedene Verwandte.
Silvio Berlusconi

26 *Gestern war der Frosch noch krank,*
heut verwest er unterm Schrank.
Aus Mecklenburg

27 *Eine ansteckende Krankheit ist das Einzige,*
was man weitergeben kann,
ohne es zu verlieren.
Robert Gallo

28 *Dein schönster Dank für Gottes Gaben*
besteht darin, dass du sie weitergibst,
wenn du sie nicht mehr brauchst.
Milan Kundera

29

Das Wichtigste im Leben
ist immer zu wissen,
wo der Hinterausgang ist.
Kaiser Wilhelm II.

30

Am Ende bleibt immer nur der Ruf
nach den Verantwortlichen.
Peter Sloterdijk

31

Im Verdauen sind zweierlei Gnaden:
Die Speise schlucken und sich ihrer
entladen. Jenes bedrängt, dieses erfrischt;
so wunderbar ist das Leben gemischt.
Friedrich v. Bodelschwingh

APRIL

1

Wer im Leben selbst kein Ziel hat,
kann wenigstens das Vorankommen
der anderen stören.
Benjamin Franklin

2

Wenn jeder seine Talente entfalten würde,
wäre es allzu laut auf der Welt.
Richard Wagner

3

Man kann den Sonnenschein nicht
verbieten, aber man kann dafür sorgen,
dass andere im Schatten stehen.
Aus Zimbabwe

4

Anderer Leute Misserfolg beglückt
das Herz und reinigt das Gewissen.
Shirley MacLaine

Der verlorenste aller Tage ist jener,
an dem man nicht über das Missgeschick
eines anderen lachen konnte.
Nicolas Chamfort **5**

Der Weg zum Erfolg ist mit fremden
Misserfolgen gepflastert.
Doris Lessing **6**

Lege deinem Mitmenschen Steine in den
Weg; er mag sich daraus etwas bauen.
Johann Wolfgang von Goethe **7**

Wenn du jemandem auf die Brille trittst,
erinnere ihn:
Man sieht nur mit dem Herzen gut.
Antoine de Saint-Exupéry **8**

9

Schau danach, was anderen Freude macht,
dann wird klar, wie du sie ärgern kannst.
Roald Dahl

10

Was du nicht willst, das man dir tu,
füg lieber einem anderen zu.
Liesl Karlstadt

11

Seine Freude in den Fehlern der anderen
finden zu können,
das ist das Geheimnis des Glücks.
Günther Nenning

12

Wenn du nichts Schlechtes über einen
anderen zu sagen weißt,
sage lieber überhaupt nichts.
Jane Austen

13

*Nichts ist edler als Übeltaten zu verzeihen,
die uns nicht betreffen.*
Franziska zu Reventlow

14

*Wir müssen die Menschen dort abholen,
wo sie stehen, und dorthin rudern,
wo sie nicht mehr stehen können.*
Friesischer Wahrspruch

15

*Rücksicht auf andere ist die Wurzel
allen Missvergnügens.*
François de Chateaubriand

16

*Ich liebe Menschen, die frei heraus sagen,
was sie denken – sofern sie dasselbe denken
wie ich.*
Muhammad Ali

17 *Ein Mensch ist nie schöner,*
als wenn er vor dir kniet.
Greta Garbo

18 *Menschen miteinander gibt es nicht.*
Es gibt nur Menschen, die herrschen,
und solche, die beherrscht werden.
Kurt Tucholsky

19 *Erst treten die Menschen in dein Leben,*
dann treten sie in deinen Hintern.
Therese Giehse

20 *Ich liebe die Menschen. Nur die Vorstellung,*
mit einem von ihnen das Zimmer zu teilen,
ist mir unerträglich.
Fjodor Dostojewski

Der beste Trost ist immer noch
die Schlechtigkeit anderer.
Karl Heinrich Waggerl

21

Schlechte Menschen erkennt man
an ihren guten Ausreden.
Marie v. Ebner-Eschenbach

22

Je näher man bedeutende Menschen
kennen lernt,
desto unsympathischer werden sie.
Marcel Reich-Ranicki

23

Gesegnet seien jene,
die nichts zu sagen haben und trotzdem
den Mund halten.
Karl Valentin

24

25 *Das Schweigen meines Volkes*
gefällt mir besser als sein Reden.
Idi Amin

26 *Weise Menschen schweigen viel.*
Und wenn sie dann doch etwas sagen,
fällt immer ihr fataler Mundgeruch auf.
Frank Zappa

27 *Wer zu schweigen versteht,*
kann nur nicht richtig reden.
Walter Jens

28 *Die wirklich großen Leute*
erkennt man daran,
dass sie nichts tun.
Roswitha von Gandersheim

Nichtstun ist besser
als mit viel Mühe nichts schaffen.
Aus dem Tao Te King

29

Es ist alles eitel,
es ist alles umsonst.
Prediger Salomo

30

MAI

MAI

1

TAG DER ARBEIT

Die Phrasen von Völkerverständigung, Weltfrieden und Toleranz müssen auch den Gutwilligsten zum Menschenfeind machen.

Tomi Ungerer

2

Alles Große in der Welt geschieht nur, wenn einer den Verstand hinter sich lässt.

Karoline von Günderode

3

Wo der Verstand anfängt, hört der Mensch auf, Mensch zu sein.

Marquis de Sade

4

Wenn einer allein träumt,
bleibt es ein Traum.
Wenn Menschen gemeinsam träumen,
wird es furchtbare Wirklichkeit.

Robert Jungk

5

Wer einen Fehler gemacht hat
und ihn nicht korrigiert,
wird am Ende recht behalten.
Winston Churchill

6

Im Recht zu sein, kann vor Gericht zum entscheidenden Nachteil werden.
Heinrich von Kleist

7

Das Gesetz der Geschichte lautet:
Steh auf, damit ich mich setzen kann.
Charles de Talleyrand

8

Die Einzigen, die das Ende des Krieges sehen werden, sind die Toten.
George Santayana

9 *Wir müssten uns unserer guten Taten schämen, wenn die Beweggründe ans Licht kämen.*
La Rochefoucauld

10 *Manche Bücher entfalten erst im Kamin ihr volles Aroma.*
Manuel Vázquez Montalbán

11 *Wenn ich das Wort »Kultur« höre, übermannt mich der Schlaf.*
Helmut Qualtinger

12 *Ob wir im Theater Wichtiges oder Unwichtiges verschlafen, ist belanglos. Schön ist einfach, dass wir schlafen.*
Catherine Deneuve

13

Bewahre uns Gott vor Menschen, die Witze behalten und sie auch noch erzählen.
Roman Polanski

14

Wo etwas Dummes gesagt wird,
da wird es hell in den Menschenherzen.
Voltaire

15

Wer singt und lacht,
braucht Therapie.
Alfred Adler

16

An der Wärme eines sonnigen Herzens muss mit der Zeit auch die frischeste Seele verdorren.
Virginia Woolfe

17 *Für immer sucht vergebens,
wer in seinem Herzen sucht.*
Bettina v. Arnim

18 *Manch einer sucht nach Liebe und vergisst,
dass er ein Weib zu Hause hat.*
Sophie LaRoche

19 *Man kann anderen Leuten erklären,
warum man seinen Mann geheiratet hat,
aber sich selbst kann man es nicht erklären.*
Georges Sand

20 *Intelligenz und Charakter
sind bei einem Mann unvereinbar.*
Cosima Wagner

21

Heirate oder heirate nicht,
du wirst beides bereuen.
Sokrates

22

Die Ehe ist der Versuch,
zu zweit mit Problemen fertig zu werden,
die man alleine nie gehabt hätte.
Woody Allen

23

Mit der Ehe tauscht die Frau die
Aufmerksamkeit vieler Männer gegen die
Unaufmerksamkeit eines einzelnen.
Maria Theresia

24

Bleibt stets einander zugekehrt
und trennt euch erst, wenn einer stört.
Schlesischer Hochzeitsspruch

25 *Die Männer, die am besten mit Frauen auskommen, sind dieselben, die glänzend ohne sie auskommen.*
Georg Christoph Lichtenberg

26 *Männer heiraten, weil sie müde sind; Frauen, weil sie neugierig sind. Beide werden enttäuscht.*
Rahel Varnhagen

27 *Witwenschaft ist meist die einzige Entschädigung, die eine Frau für die Ehe bekommt.*
Bertha von Suttner

28 *Ehen und Weine werden mit den Jahren sauer.*
Victor Hugo

29

Was lange währt,
wird auch nicht besser.
Ricarda Huch

30

Am Ende bleibt dir kein Gewinn,
nur taubes Herz und dumpfer Sinn.
Aus Pommern

31

Nicht geboren zu werden ist unbestreitbar
die beste Lösung.
Emile Cioran

JUNI

1 *Alles, was gegen die Natur ist,*
fördert die Gesundheit.
Queen Victoria

2 *Gehe hinaus und suche Trost in der Natur, auf dass wir unterdessen deinen Wein trinken.*
Kroatischer Segensspruch

3 *Möge der Dung des Lebens*
deine Seele zum Blühen bringen.
Niederländisch

4 *Ehre die Natur, indem du dein Haar nicht rollst noch färbst, auf dass der Rote Mann seine Freude habe an deinem Skalp.*
Häuptling Seattle

Jeder bunte Schmetterling hat den Tod 5
einer Raupe auf dem Gewissen.
Vladimir Nabokov

Heutzutage hat die Natur etwas 6
Unnatürliches,
und Wind und Wetter wirken übertrieben.
Gottfried Benn

Das Gebirge, wie hassenswert! 7
Ein See, wie langweilig!
Die grünen Wiesen, wie abstoßend!
Thomas Bernhard

Die Hölle stelle ich mir vor 8
wie das Zillertal.
Wolfgang Hildesheimer

9 *Das meiste, was die Natur geschaffen hat, ist schief und trägt obendrein keine Früchte.*

Paula Becker-Modersohn

10 *Die Matte auf der Wiese ausgebreitet, saß ich da und ärgerte mich über die Pflaumenblüte.*

Basho

11 *Nichts ist so geistlos und ermüdend, wie in Harmonie mit der Natur zu leben.*

Else Lasker-Schüler

12 *Wer ohne Beil loszieht, dem kann im Walde nicht wohl sein.*

Gottfried Keller

13

Unkraut säe stets im Garten des
Nachbarn aus; es wächst dort besser.
Hedwig Courths-Mahler

14

Die ganze Schöpfung wird zur Quelle des
Reichtums,
wenn du verstehst sie zu verkaufen.
Andrew Carnegie

15

Vertraue jenen, die Nester bauen,
aber misstraue jedem, der Eier legt.
Chief Blackfoot

16

Lobe den Brunnen, in den deine
Schwiegermutter gefallen ist,
aber schöpfe kein Wasser daraus.
Aus Andalusien

17 *Niemand fällt zweimal in denselben Fluss.*
Heraklit

18 *Nur wer mit dem Strom schwimmt, wird das Meer erreichen.*
Konfuzius

19 *Fische, die gegen den Strom schwimmen, werden gefangen.*
Häuptling White Eagle

20 *Wende dein Gesicht der Sonne zu, sonst musst du die Menschen im Schatten sehen.*
Yanomami-Weisheit

Wer einen Sinn hat für das Hässliche,
dem muss auf Erden wohl sein.
Gustav Klimt

21

Nichts ist so verzichtbar wie die Sitten
und Gebräuche anderer Völker.
Jack London

22

Es wäre eine Freude zu leben,
wenn jeder Mensch nur halb so hässlich
wäre, wie er ist.
Joan Crawford

23

Wo Licht ist,
ist immer auch Schatten.
Aber wo Schatten ist,
ist Gott sei Dank nie Licht.
Donna Leon

24

25 *Dich will ich loben, Hässliches,*
du hast so was Verlässliches!
Robert Gernhardt

26 *Die hässlichsten Farben sind*
Hoffnungsgrün und Freudenrot.
Pablo Picasso

27 *Schönes Wetter täuscht immer*
über die wirkliche Lage hinweg.
Paul Gauguin

28 *Lebe jeden Tag so,*
als ob es regnen würde.
Irisches Sprichwort

Mögest du immer ausreichend Grund zum Klagen haben!
Jiddischer Zuspruch

29

Es ist fast immer schlimmer, als du denkst.
August Strindberg

30

JULI

1

Man müsste in Sodom oder Gomorrha Urlaub machen können.
Barbra Streisand

2

Bedenke, dass du fast überall Ausländer bist und dementsprechend düpiert, geprellt und ausgenommen wirst.
Bruce Chatwin

3

Selbst eine Reise von tausend Meilen endet oft schon nach dem ersten Schritt.
Japanisch

4

Wer Urlaub braucht, hat keinen verdient.
Abraham Lincoln

Ziehst du ins Leben froh hinaus,
erkunden Langfinger dein Haus.
Fränkische Inschrift 5

Das wichtigste im Reisegepäck ist der
Notizblock für den Beschwerdebrief.
Nadine Gordimer 6

Eine gute Reisegepäckversicherung
schützt nicht vor Flugzeugabstürzen.
Jerry Seinfeld 7

Nach Erkenntnissen der Astrophysiker
bestehen die Ringe des Saturn
ausschließlich aus verloren gegangenem
Reisegepäck.
Wernher von Braun 8

9

Wie glücklich man an Land war,
merkt man erst, wenn das Schiff untergeht.
Seneca

10

Schiffe stranden nur an Felsen,
die Gott geschaffen hat.
Gorch Fock

11

Ich weiß nicht, wohin Gott mich führt;
aber wenn er diese Richtung beibehält,
schlage ich vor, dass er allein weitergeht.
Bruno Bettelheim

12

Geh mit Gottes Gnade
durch Schatten und Licht
an ferne Gestade,
zu uns bitte nicht.
Berthold Auerbach

13

Man soll einen Reisenden nicht aufhalten,
besonders wenn er endlich abfährt.
Karen Blixen

14

Die Welt wird schön an jenem Tag,
da Mutter nicht mehr kommen mag.
Joachim Ringelnatz

15

Wer einsam ist, muss stets fürchten,
dass jemand zu Besuch kommt.
Hermann Hesse

16

Rastlos musst du weiterstreben,
nie ermüdet stillestehn;
nur dann kann ich in Ruhe leben,
sonst würden wir uns wiedersehn.
Theodor Storm

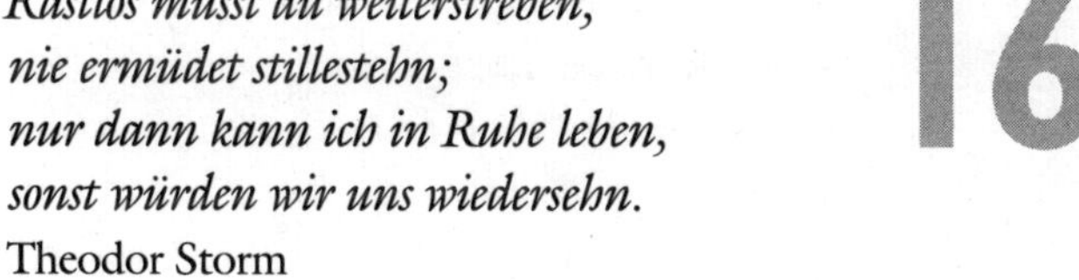

17

Unter allen Gästen sind mir jene am liebsten, die auf der Fahrt eine Panne haben und absagen.

Thomas Mann

18

Es kommt nicht darauf an,
wie schnell du gehst,
solange du uns nicht besuchst.

Hopi-Weisheit

19

Ob jemand wieder zu Besuch kommt,
erkennt man daran,
wie viel Schulden er hinterlässt.

Theodor Fontane

20

Willst du dich des Lebens freuen,
denke auch an unser Glück.
Kehrst als Gast du bei uns ein,
fahre bald nach Haus zurück.

Pfälzer Inschrift

21

Gelobt der Gast, der Pünktlichkeit versteht;
gepriesen jener, der schnell geht.
Albert Schweitzer

22

Menschen, die zur Unpünktlichkeit neigen,
werfen sich leider oft hinter den Zug.
Allen Ginsberg

23

Wer sich die Fähigkeit erhalten will,
Schönes zu sehen, darf seine alten Eltern
nicht besuchen.
Jack Kerouac

24

Menschen, die langsam fahren,
sind hässlich und haben ansteckende
Krankheiten.
Ayrton Senna

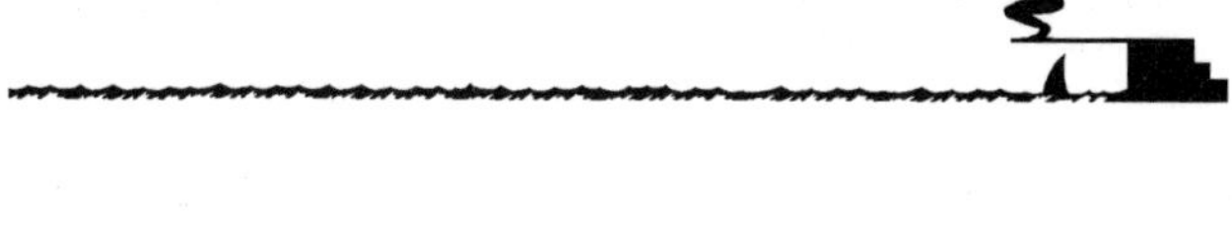

25

Langsam kommst du auch ans Ziel,
nur eben später als alle anderen.
Jesse Owens

26

Der Weg zum Ziel verläuft nie gerade,
allerdings auch nicht krumm,
genau besehen gibt es ihn gar nicht.
Susan Sontag

27

Wenn du jemandem den Weg erklärst,
achte darauf, dass es ein Umweg ist.
Aus Baden

28

Nichts ist enttäuschender,
als dass manche Leute nur mit dem
Schrecken davonkommen.
Agatha Christie

29

Folge deinem Stern und immer nur deinem Stern! Dann können wir ungestört in der Sonne sitzen.
Polnisches Sprichwort

30

Man braucht dich nur etwas näher kennen zu lernen, um zu wünschen, dass man dich nie getroffen hätte.
Hans Fallada

31

Die Menschen sind veränderlich,
nur einen mag wohl niemand: dich.
Frank Wedekind

AUGUST

AUGUST

1

Wer morgens betet, hat den ganzen Rest des Tages Zeit für Spaß und Sauereien.
Marilyn Monroe

2

*Wer fromm handelt,
ist nur zu schwach zum Sündigen.*
Anna Magnani

3

Reichliches Sündigen ist die Quelle aller angenehmen Erinnerungen.
Georges Bernanos

4

Damit dir etwas vergeben werden kann, musst du zunächst kraftvoll sündigen.
Jakob v. Grimmelshausen

5

Rette deine Seele,
um den Körper kümmere ich mich.
Raquel Welch

6

Wenn dein Gewissen rein bleiben soll,
darfst du es nicht benutzen.
Otto v. Bismarck

7

Ein schlechtes Gewissen ist der
schmerzlichste Beweis für ein gutes
Gedächtnis.
Selma Lagerlöf

8

Niemand vermag dich so zuverlässig in die
Irre zu führen wie deine innere Stimme.
Anaïs Nin

9

Verantwortung entsteht dadurch,
dass man nicht rechtzeitig Nein sagt.
Leo Trotzki

10

Demokratie haben wir erst,
wenn in jeder Familie abgestimmt wird,
wer die Mutter ist.
Willy Brandt

11

Alles Unheil auf der Welt stammt von Menschen, die glauben, sie müssten etwas Gutes tun.
Arthur Koestler

12

Man gilt heute schon als fortschrittlich,
wenn einem die Zähne ausfallen.
Rudi Dutschke

13

Damit das Unmögliche entsteht,
muss das Mögliche vermieden werden.
Walter Ulbricht

14

Von all den Befürchtungen, die man hegt,
treffen zum Glück nur die schlimmsten ein.
Stendhal

15

Am meisten erfreut man seine Gäste
durch das Äußern dummer Gedanken.
Emily Dickinson

16

Der Vergangenheit nachtrauern,
von der Zukunft träumen
und die Gegenwart verschlafen:
das ist das Geheimnis des Erfolges.
Johannes Rau

17

Glück ist eine Oase, die zu erreichen nur träumenden Kamelen gelingt.
Beduinenweisheit

18

Das Glück ist wie ein Brillengestell. Man sucht es, bis man darauf tritt, und dann ist es hinüber.
Annette v. Droste-Hülshoff

19

Glück entsteht nur durch menschliches Versagen.
Jean Giono

20

Wenn andere Menschen fröhlich sind, sollten wir sie darauf hinweisen, dass alles Positive eine Kehrseite hat.
Françoise Sagan

21

Erinnere die Mitmenschen an ihre Sorgen,
dann wird dir leicht ums Herz.
Jeremias Gotthelf

22

Wer seinem Nächsten verzeiht,
ist nur zu faul zum Streiten.
Johannes Gross

23

Nichts auf der Welt ist so wunderbar
ansteckend wie schlechte Laune.
Charles Dickens

24

Keiner ist zu arm dafür, es kostet nichts,
bewirkt doch viel und erhält seinen Wert erst,
wenn man es weitergibt:
ein böses Wort.
Balthasar Gracian

25 *Gesegnet sei die Stille!*
Denn in ihr wirst du mich reden hören.
Khalil Gibran

26 *Musik drückt aus,*
worüber besser geschwiegen worden wäre.
Clara Schumann

27 *Das Tragische an jeder Erfahrung ist,*
dass man sie erst macht,
nachdem man sie gebraucht hätte.
Friedrich Nietzsche

28 *Vor der Erleuchtung fegst du den Boden,*
nach der Erleuchtung nimmst du den
Staubsauger.
Yoga-Weisheit

Schon wer nur ein kleines Lichtlein in der Dunkelheit anzündet, lockt die Mücken an.
Franz von Sales

29

In jeder Mücke, die dich sticht, ertappst du Gott auf frischer Tat.
Aus Lappland

30

Weißt du, wie du Gott zum Lachen bringen kannst? Erzähl ihm deine Pläne.
Blaise Pascal

31

SEPTEMBER

1 *Seit ich weiß, dass Wölfe Vegetarier sind,*
bin ich Pazifist.
Yves Montand

2 *Mit einem freundlichen Wort*
und einer Waffe erreicht man mehr
als mit einem freundlichen Wort allein.
Al Capone

3 *Am meisten habe ich in meinem Leben von Menschen gelernt,*
die genau dieselbe Meinung hatten wie ich.
Bertrand Russell

4 *Wer das Richtige sagt,*
sieht noch lange nicht gut aus.
Rudolf Valentino

Kein Mensch, und wär er noch so reich, 5
kommt meinem Spiegelbilde gleich.
Friederike Kempner

Kleider machen Leute, 6
aber die Unterwäsche
macht den Menschen.
Coco Chanel

Aufgeblasenheit ist der zuverlässigste 7
Schwimmgürtel im Strom des Lebens.
Wilhelm Raabe

Wer sich an kleinen Dingen freut, 8
kann mir die großen überlassen.
Charles Bukowski

9

Oft sieht man etwas hundert Mal,
bevor man merkt, wie uninteressant es ist.
Henri Matisse

10

Das Wesentliche ist für die Augen
unsichtbar, denn es steckt in meinem Safe.
Philippe de Rothschild

11

Fordere wenig von dir selbst
und viel von den anderen, dann bleibt dir
eine Menge Mühsal erspart.
Friedrich Krupp

12

Frei ist nicht, wer tun kann, was er will,
sondern wer tut, was er soll.
Bill Gates

Wirklich negativ fallen nur Menschen auf,
die positiv denken.
Stephen King

13

Wer andere kennt, ist klug;
wer sich selbst kennt, ist verzweifelt.
Tschuang Tse

14

Ich habe keine Angst,
mich unbeliebt zu machen.
Ich bin es schon.
Helmut Kohl

15

Wenn andre klüger sind als wir,
das macht uns selten nur Pläsier,
doch die Gewissheit, dass sie dümmer,
erfreut fast immer.
Wilhelm Busch

16

17 *Jeder könnte die Welt verbessern,*
wenn er bei der Erziehung
meines Nachbarn anfangen würde.
Gertrud von le Fort

18 *Es kann der Beste nicht in Frieden leben,*
wenn es mir böser Nachbarin nicht gefällt.
Patricia Highsmith

19 *Ein Mensch, der Hunde und kleine Kinder*
hasst, kann nicht ganz schlecht sein.
W. C. Fields

20 *Dein Kind ist nicht dein Besitz.*
Das wirst du spätestens feststellen,
wenn du versuchst, es zu verkaufen.
Ruth Rendell

21

Das Lächeln eines Kindes erinnert auch einen furchtlosen Mann an Alimente.
Bob Dylan

22

Kinder hast du nicht, du bekommst sie nur für eine gewisse Zeit geborgt.
Und diese Zeit kann sehr lang werden.
Pearl S. Buck

23

Kinderaugen sind klar wie Bergseen, auf deren Grund ein Ungeheuer schlummert.
Aus Schottland

24

Das Lächeln eines Kindes ist tröstlich wie ein Schlangenbiss.
Frida Kahlo

25 *Leider können wir nicht mehr so werden wie die Kinder; stattdessen müssen wir mit ansehen, dass die Kinder so werden wie wir.*
Erich Kästner

26 *Nur wer sich das kindliche Staunen bewahrt, ist leicht zu betrügen.*
Margaret Thatcher

27 *Kinder wachsen schneller, wenn man an ihren Ohren zieht.*
Aus Zimbabwe

28 *Jedes Mal,*
wenn ich meinem inneren Kind begegne,
bekommt es eine schallende Ohrfeige.
Anthony Burgess

Wenn du geboren bist,
ist ohnehin alles zu spät.
Samuel Beckett

29

Heute ist der erste Tag
vom Beginn deines Endes.
Weisheit der Massai

30

OKTOBER

1

Wer einmal in den Spiegel geschaut hat, kann nicht mehr an Gott glauben.
Liz Taylor

2

Verabschiede dich mit Würde von den Attributen der Jugend, man hat sie dir ohnehin nie geglaubt.
Charles Chaplin

3

Wer Geburtstag hat, erntet nur Schadenfreude.
Jeanne Moreau

4

Leider sieht man meist noch älter aus, als man sich ohnehin fühlt.
Sophia Loren

5

Man ändert sich nicht,
man bessert sich nicht,
man wird nur älter.
Paul Newman

6

Das Lästigste am Altwerden ist,
dass man so tun muss,
als hätte man noch Spaß.
Marcello Mastroianni

7

Die Jugend kommt
zu früh im Leben.
Marc Chagall

8

Das Leben ist kurz,
und wir finden nie genug Zeit,
unsere Weggenossen zu schikanieren.
Walter Serner

9 *Das Alter ist lediglich eine andere Art zu sein, und zwar eine unangenehme.*
Ella Fitzgerald

10 *Altsein ist herrlich – für die Jungen, die Witze darüber machen.*
Curd Jürgens

11 *Wer sich die Fähigkeit erhält, Bosheiten auszuteilen, wird nie alt werden.*
Konrad Adenauer

12 *Gute Menschen sterben jung, böse leben etwas länger.*
Charles Laughton

Wer im Alter noch herzhaft lacht,
macht sich bei seinen Erben unbeliebt.
Aristoteles Onassis

13

Wer mir was vom goldenen Lebensabend
quatscht, dem hau ich das Gebiss raus.
Klaus Kinski

14

Man ist so lange jung,
wie man das Kaugummi
aus seinen Zähnen entfernen kann.
Walt Disney

15

Gib einem Hungernden gute Worte.
Er kann sie nicht kauen,
er muss sie schlucken.
Queen Mum

16

17

Auch ein sehendes Huhn
findet kein Korn.
Aus der Sahel-Zone

18

Wenn du einen Menschen zum
Nachdenken anregst,
kannst du heimlich seinen Reis essen.
Koreanisch

19

Nimm von allem das Beste
und gönne den anderen den Rest.
Aus Schottland

20

Das Leben ist ein ewiges Wechselspiel
aus Nehmen und Behalten.
Henry Ford

Geschäfte, bei denen man nachts schlafen kann, bringen nichts ein.
Donald Trump

21

Geld macht nicht glücklich, jedenfalls nicht, solange es anderen gehört.
George Bernard Shaw

22

Alte Menschen werden oft durch Geld anziehend und liebenswert.
Anna Nicole Smith

23

Niemand ist so arm, dass er nicht etwas abgeben könnte. Und niemand so reich, dass er nicht noch ein bisschen mehr Geld gebrauchen könnte.
Jakob Fugger

24

25 *Gute Gelegenheiten sind meistens der Anfang des Ruins.*
John M. Keynes

26 *Finanzgenie ist man immer nur bis zum Bankrott.*
John Kenneth Galbraith

27 *Korruption ist wie eine Woge im Meer. Wer sich ihr anvertraut, bleibt oben; wer sich sträubt, versinkt.*
Rupert Murdoch

28 *Wer andere überwindet, ist stark; wer sich selbst überwindet, ist dumm.*
Hakuin

Wer selbst nichts zu Wege bringt,
kann immer noch andere beraten.
Horst-Eberhard Richter

29

Wenn ich einen Furz lasse,
soll man es bis Rom riechen.
Martin Luther

30

Zwar ist es traurig, wenn wir
anderen Menschen Ratschläge erteilen
und sie halten sich nicht daran.
Doch es ist ein eigenes Vergnügen,
wenn sie dann scheitern.
Bette Midler

31

NOVEMBER

1 *Ein verregneter Novembertag*
ist der perfekte Vorgeschmack
auf das ewige Leben.
Maurice Chevalier

2 *Lasst uns das Licht löschen –*
das spart nicht nur Energie,
wir können auch die Finsternis beklagen!
André Kostolany

3 *Dichter Nebel, Straße nass.*
Dicht auffahr'n macht jetzt doppelt Spaß.
Harald Schmidt

4 *Wenn nahe Menschen von uns gerissen*
werden, müssen wir unsere Liebe ihrem
Testament zuwenden.
Martha Grimes

NOVEMBER

Die meisten Menschen werden erst nach ihrem Tod sympathisch.
Martin Heidegger

5

Bitte kürze, Gott, die Zeit, die Großpapa zu leben bleibt!
Tiroler Fürbitte

6

Wer gestorben ist, hat nichts Besseres verdient.
Häuptling Papalagi

7

Selbst ein kurzes Leben ist immer noch zu lang.
Plutarch

8

NOVEMBER

9 *Alles ist leicht,*
bevor es schwierig wird.
Erich Honecker

10 *Erst ist es schwierig,*
dann ist es unmöglich,
dann ist es passiert.
Egon Krenz

11 *Alle Menschen sind klug, die einen vorher,*
die anderen nachher; nur wenn es darauf
ankommt, ist jeder dumm.
Arabisches Sprichwort

12 *Man muss eine Weile nachdenken,*
um zu erkennen, dass man unglücklich ist,
doch es lohnt sich.
Shirley Bassey

Sich als Opfer zu fühlen, ist leicht.
Als Opfer verehrt zu werden,
das ist die Kunst.
Diana, Princess of Wales

13

Nur paranoide Menschen werden
wirklich verfolgt.
Oliver Sacks

14

Das Wichtigste ist immer der Schutz vor
den Andersdenkenden.
Rowan Atkinson

15

Toleranz heißt:
die eigenen Fehler entschuldigen.
Genie heißt:
sie nicht bemerken.
Arthur Schopenhauer

16

NOVEMBER

17 *Für kleine Aufgaben ist man zu wichtig – und für wichtige Aufgaben zu klein.*

Danny de Vito

18 *Ohne die Ankündigung eines Weltuntergangs bleiben die Nachrichten uninteressant.*

Ted Turner

19 *Der beste Weg, sich zu entschuldigen, ist, die Schuld eines anderen aufzudecken.*

Bill Clinton

20 *Es genügt nicht, dass die Vögel des Kummers um dein Haupt fliegen; du musst ihnen ein Nest in deinem Haar bauen!*

Erasmus von Rotterdam

21

Wenn Sie mich verstanden haben,
habe ich mich wohl falsch ausgedrückt.
Alan Greenspan

22

Niemals würde ich einem Club beitreten,
der jemanden wie mich als Mitglied
akzeptiert.
Groucho Marx

23

Menschen, denen man auf keinen Fall
begegnen möchte, begegnet man in
»Stätten der Begegnung«.
Wolf Schneider

24

Warum müssen ausgerechnet
die unangenehmsten Menschen
so langlebig sein?
Orson Welles

25 *Alles vergeht,*
nur der Nachbar bleibt.
Claire Waldorff

26 *Die Vergangenheit ist auch nicht mehr das,*
was sie mal war.
Hildegard Knef

27 *Am schönsten sind die Erinnerungen,*
die man vergessen hat.
Saul Bellow

28 *Das Leben ist erfahrungsgemäß nicht mal*
im Rückblick akzeptabel.
Bette Davis

Man stirbt trotz strengster Sicherheitsvorkehrungen.
Arno Schmidt

29

Leib und Seele in Harmonie
find'st im Grab du, vorher nie.
C. F. Meyer

30

DEZEMBER

1

Nicht vom Behalten,
sondern vom Geben wird man arm.
Cornelius Vanderbilt

2

Wenn wir wüssten, wie kurz das Leben ist,
würden wir nicht so viel Zeit
mit Wohltätigkeit verschwenden.
Margarete Astor

3

Du musst die Hände zum Nehmen
ausstrecken und zum Geben einziehen,
auf dass deine Gelenke nie einrosten.
John D. Rockefeller

4

Menschen, die viel Gutes tun, erkenne ich
am bitteren Zug um den Mund.
Lauren Bacall

Alle Engel sehnen sich
nach der Hölle.
Dorothy Sayers

5

In jedem Wunsch schlummert
die Enttäuschung seiner Erfüllung.
Nikolaus von Kues

6

Keiner hat so viel Spaß an deinen
Missgeschicken wie dein Schutzengel.
Elisabeth Kübler-Ross

7

Alles Böse wünsch ich dir,
fern vom Leibe bleibe mir,
alles Unglück treffe dich,
niemals aber denk an mich!
Altbaierischer Adventsspruch

8

9 *Gott wohnt dort,*
wo kein frommer Mensch hinziehen würde.
Wolfgang Borchert

10 *Wenn ich wie Gott eine Welt geschaffen hätte, wäre ich auch weggezogen.*
Federico Fellini

11 *Gott hilft uns nicht,*
aber er hat gute Gründe dafür.
Aus den Erzählungen der Chassidim

12 *Mutlosigkeit ist fast immer ein Beweis für tiefe Verbundenheit mit der Kirche.*
Harriet Beecher Stowe

Nimm, ohne dich zu erinnern;
gib, ohne zu vergessen.
Aus Weißrussland

13

Kleine Freundlichkeiten halten auf
und kosten unnötig Geld.
Howard Hughes

14

Gute Taten, die man plant,
sind angenehmer als solche,
die man ausführt.
Emily Brontë

15

Die es gut meinen,
das sind die schlimmsten.
Paracelsus

16

17

Öffne deine Herzenstür bitte nur einen Spalt breit, damit uns nicht kalt wird.

Lisa Marklund

18

Der Weg zum Herzen der Menschen
führt nicht durch den Kopf,
sondern durch die Beinarterie.

Christiaan Barnard

19

Alles im Leben geschieht so freiwillig
wie unsere Geburt.

Karlheinz Deschner

20

Wenn du in finstren Stunden
einsam und verlassen bist,
wenn du nirgends Trost gefunden,
bist du bestimmt ein frommer Christ.

Johannes vom Kreuz

21

Weihnachtszeit!
Wer spricht von Siegen?
Überstehn ist alles.
Rainer Maria Rilke

22

Weihnacht ist ein großes Fest,
das der Teufel feiern lässt.
Lieselotte von der Pfalz

23

Wunder ereignen sich nur bei Leuten, die
nicht wissen, wie man sich davor schützt.
Paul Valéry

24

Wer meint, Jesus sei freiwillig zu den
Menschen gekommen,
kennt seinen Vater schlecht.
G. K. Chesterton

25 *An einem Familientreffen sind nicht nur*
die schuld, die es ausrichten,
sondern auch die, die es nicht verhindern.
Karl Kraus

26 *Die Völker sollen voll Angst sein und ratlos*
über das Tosen des Meeres und der Wogen,
und die Menschen sollen vergehen in
Erwartung dessen, was kommt.
Jesus von Nazareth

27 *Was am Ende übrig bleibt,*
ist stets weniger als das,
was am Anfang da war.
Aus Bangladesh

28 *Auch die größte Mühe*
ist am Ende vergebens.
Nazim Hikmet

29

Wenn bald dein Erdendasein endet,
freut sich auch die,
die diese Zeilen sendet.
Julie Schrader

30

Lebe glücklich, lebe heiter,
aber leb im Jenseits weiter.
Böhmischer Neujahrswunsch

31

Schade, dass Noah und seine Sippe
das Boot nicht verpasst haben.
Mark Twain

HAT ER DAS WIRKLICH GESAGT?

Ja, hat er. Gorbatschow hat wirklich gesagt: »Ich glaube, Gefahren warten nur auf jene, die nicht auf das Leben reagieren.« Wortwörtlich. Na, und? Ist das originell? Nein. Originell ist, was ein Korrespondent daraus machte: »Wer zu spät kommt, den bestraft das Leben.« Das ging um die Welt. Dafür ist Gorbi nun berühmt. Für etwas, das er nie gesagt hat. »Hauptsache, der Name ist richtig geschrieben«, erklärte Curd Jürgens, von dem zu Lebzeiten alles und das Gegenteil von allem zitiert wurde. »Die erfundenen Sprüche sind oft schlauer als das, was ich wirklich gesagt habe.«

So ergeht es vielen, und gerade den Größten. Wir wissen nicht, ob der Rabbi Joshua ein einziges jener Worte so gesprochen hat, wie es heute als Jesus-Wort zitiert wird. Das wenigste von dem, was in den Evangelien steht, gilt als authentisch. Und auch dieses wenige wurde erst dreißig Jahre nach seinem Tod aufgeschrieben, von Leuten, die ihn nicht persönlich erlebt hatten. Macht ja nichts! Bei Buddha ist es kaum besser. Mit der Aufzeichnung seiner Reden wurde dreihundert Jahre nach seinem Tod begonnen. Bis dahin wurden sie mündlich weitergegeben, nach dem großmütigen Prinzip »Stille Post«: Jeder erzählt die Version weiter, die er für richtig hält.

Warum auch nicht? Wichtig ist nichts davon. Keiner der heute kursierenden Sprüche von Martin Luther – »Hier stehe ich und kann nicht anders«, »Warum rülpset und furzet ihr nicht«, »Wenn morgen die Welt unterginge, würde ich heute noch einen Apfelbaum pflanzen« –, keiner davon findet sich in seinen Schriften. Diese Worte sind später von anderen ersonnen und ihm zugeschrieben worden, nach dem freizügigen Motto: »Das hätte er auch sagen können.« Das Wort, das wir hier in die Sammlung böser Sprüche aufgenommen haben – »Wenn ich einen Furz lasse, soll man es bis Rom riechen« –, das steht allerdings in Luthers Schriften. Das ist echt.

Intelligent ist es deshalb noch nicht. Das gehört zu den sonderbaren Erfahrungen, die wir machen, wenn wir genauer nachforschen: Die weisen Leute haben bei weitem nicht so viel Weises geäußert, wie von ihnen zitiert wird. Vor allem waren sie nicht so wohlwollend und menschenfreundlich, wie ihre Aura suggeriert. »Man sieht nur mit dem Herzen gut«, schrieb Antoine de Saint-Exupéry. Bereits zu seinen Lebzeiten war das der Hit unter seinen Sprüchen. Auf jeder Party musste er sich dieses romantischen Zitats erwehren. »Ja, ja«, murrte er dann, »das können Sie jemandem sagen, dem Sie auf die Brille getreten sind.« Man soll Weise nicht mit ihren Weisheiten behelligen. Sie werden sonst sehr ungehalten. Vielleicht, weil sie lieber wahrhaftig als weise sind.

»Auch die längste Reise beginnt mit dem ersten Schritt; genieße ihn, schon auf dem zweiten wirst du straucheln«, heißt eine pointierte chinesische Erkenntnis. In geblümten Spruchsammlungen wird immer nur die erste Hälfte wiedergegeben. Das Straucheln darf nicht vorkommen. Weil es der Lebenswirklichkeit zu nahe ist? Und weshalb heißt es immer hochtrabend »Niemand steigt zweimal in denselben Fluss«, während das griechische Wort »piptein« im Urtext »fallen«

heißt? »Niemand fällt zweimal in denselben Fluss.« Hatte Heraklit Humor? Natürlich! Alle Weisen hatten mehr Humor als die Poesiealben ihnen zugestehen! Sie wussten, dass ihre Weisheiten nicht wahr sind. Dass vielmehr die Erkenntnis von Hildegard von Bingen gilt: Von jedem Gedanken, der gedacht werden kann, ist auch das Gegenteil wahr.

Das ist ein tiefer mystischer Satz. Und er ist in jeder Lebenslage anwendbar. Wer zu spät kommt, den bestraft das Leben? Häufig bestraft es denjenigen, der zu früh kommt. Und belohnt denjenigen, der zu spät kommt, etwa zum Flugplatz, wo er den Flieger verpasst, der abstürzen wird. Von jedem Gedanken ist auch das Gegenteil wahr. Damit können wir jeden Spruch unserer positiv denkenden Tante aushebeln und unsere eigenen Sprüche schaffen. Sprüche wie in diesem Buch. Nicht jeden davon kann man ins Kissen sticken. Aber jeden kann man vollen Herzens genießen.

STICHWORTE

Sie müssen eine Rede halten? Einen Glückwunsch schreiben? Trost spenden? Mit unserem Register finden Sie schnell die unpassenden Worte.

Arbeitswelt 9.1., 17.3., 1.4., 18.4., 29.4., 21.10.
Ehe 15.1., 1.2., 4.2., 11.2., 15.2., 11.3., 17.4., 20.4., 4.5., 18.5., 23.5.
Frauen 8.3., 18.5., 23.5., 27.5.
Freunde 25.1., 18.2., 19.2., 20.2., 21.2., 22.2., 23.2., 20.3.
Geburt 31.1., 28.2., 31.5., 29.9., 30.9., 5.10.
Geburtstag 27.2., 2.10., 3.10., 4.10., 5.10.
Genesung 20.1., 12.3., 21.3., 22.3., 23.3., 25.3., 27.3.
Glück 7.1., 11.1., 31.1., 11.4., 9.7.,17.8., 18.8., 31.8.
Hochzeitstag 13.2., 14.2., 21.5., 22.5., 24.5., 26.5.
Karriere 4.1., 3.4., 4.4., 7.4., 28.4., 5.5., 16.8., 2.9., 24.10., 26.10., 17.11.
Männer 15.2., 19.5., 20.5.
Nachbarn 11.1., 2.3., 13.6., 17.9., 18.9., 25.11.
Prüfung 14.8., 28.8.,16.9., 10.11., 11.11.
Ruhestand 29.2., 26.4., 6.10., 8.10., 9.10., 11.10., 14.10., 22.10.
Taufe 20.9., 22.9., 23.9., 24.9., 27.9.
Trauerfall 23.7., 12.10., 13.10., 4.11., 5.11., 29.11.
Trennung 12.2., 17.2., 22.2., 19.4., 24.5., 30.7., 9.9.